EMG3-0228
合唱楽譜<J-POP>

J-POP CHORUS PIECE

合唱で歌いたい！J-POPコーラスピース

混声3部合唱

大丈夫(Movie edit)
(RADWIMPS)

作詞・作曲：野田洋次郎　合唱編曲：田原晴海

••• 曲目解説 •••

2019年7月に公開された、新海誠監督の映画「天気の子」。前作「君の名は。」に引き続き、RADWIMPSが音楽を手掛けました。この楽曲は、主題歌となるヴォーカル曲5曲のうちの一つで、映画のラストシーンで物語を印象的に飾る一曲。主人公の気持ちをストレートに表現した歌詞が聴く人の心に響きます。

合唱で歌いたい! J-POPコーラス

大丈夫 (Movie edit)

作詞・作曲：野田洋次郎　　合唱編曲：田原晴海

※…Hum.(ハミング)でもよい

大丈夫(Movie edit)
(RADWIMPS)

作詞：野田洋次郎

世界が君の小さな肩に　乗っているのが
僕にだけは見えて　泣き出しそうでいると

「大丈夫?」ってさぁ　君が気付いてさ　聞くから
「大丈夫だよ」って　僕は慌てて言うけど

なんでそんなことを　言うんだよ
崩れそうなのは　君なのに

世界が君の小さな肩に　乗っているのが
僕にだけは見えて　泣き出しそうでいると

「大丈夫?」ってさぁ　君が気付いてさ　聞くから
「大丈夫だよ」って　僕は慌てて言うけど

なんでそんなことを　言うんだよ
崩れそうなのは　君なのに

取るに足らない　小さな僕の　有り余る今の　大きな夢は
君の「大丈夫」になりたい　「大丈夫」になりたい
君を大丈夫にしたいんじゃない　君にとっての　「大丈夫」になりたい

エレヴァートミュージックエンターテイメントはウィンズスコアが
展開する「合唱楽譜・器楽系楽譜」を中心とした専門レーベルです。

ご注文について

エレヴァートミュージックエンターテイメントの商品は全国の楽器店、ならびに書店にてお求めになれますが、店頭でのご購入が困難な場合、当社WEBサイト・電話からのご注文で、直接ご購入が可能です。

◎当社WEBサイトでのご注文方法

elevato-music.com

上記のURLへアクセスし、オンラインショップにてご注文ください。

◎お電話でのご注文方法

TEL.0120-713-771

営業時間内に電話いただければ、電話にてご注文を承ります。

※この出版物の全部または一部を権利者に無断で複製（コピー）することは、著作権の侵害にあたり、著作権法により罰せられます。

※造本には十分注意しておりますが、万一、落丁・乱丁などの不良品がありましたらお取り替えいたします。また、ご意見・ご感想もホームページより受け付けておりますので、お気軽にお問い合わせください。